高等职业技术院校汽车类专业

汽车配件销售实务（第二版）习题册

夏志华　主编

中国劳动社会保障出版社

简介

本习题册是高等职业技术院校汽车类专业教材《汽车配件销售实务（第二版）》的配套用书。习题册内容紧扣教材的教学要求，注重基础知识的巩固和基本能力的培养，知识点分布均衡，题型丰富，难易适当，有助于学生复习巩固所学知识。

本习题册由夏志华任主编，刘润秋任副主编，宋晓、高伟参与编写。

图书在版编目（CIP）数据

汽车配件销售实务（第二版）习题册 / 夏志华主编 . -- 北京：中国劳动社会保障出版社，2021

高等职业技术院校汽车类专业

ISBN 978-7-5167-4341-6

Ⅰ.①汽… Ⅱ.①夏… Ⅲ.①汽车-配件-销售管理-高等职业教育-习题集 Ⅳ.① F766-44

中国版本图书馆 CIP 数据核字（2021）第 109255 号

中国劳动社会保障出版社出版发行

（北京市惠新东街 1 号　邮政编码：100029）

*

三河市华骏印务包装有限公司印刷装订　　新华书店经销

787 毫米 ×1092 毫米　16 开本　3.75 印张　87 千字

2021 年 7 月第 1 版　　2024 年 7 月第 2 次印刷

定价：10.00 元

营销中心电话：400-606-6496

出版社网址：http://www.class.com.cn

http://jg.class.com.cn

目　录

模块一　汽车配件行业经营管理概述

任务 1　国内汽车配件行业经营现状

一、填空题

1．一些国际知名的汽车零部件企业具备强大的______能力和雄厚的______实力，能够引导世界零部件行业甚至整车行业的发展方向。

2．目前，我国基本建立了较为完善的零部件________体系和零部件________体系，为汽车工业的发展提供了强大支持。

3．ADAS 主要包括__________层面、识别及算法决策层面及操控系统执行层面等，涉及环境感知、图像识别、编程算法、________和________等领域。

4．大部分汽车配件经销商单方面注重配件的________，很少重视________。

二、选择题

1．（　　）年我国汽车产销量分别为 1 379.10 万辆和 1 364.48 万辆，一举超越美国，成为世界第一大汽车市场。

A．2008　　B．2009

C．2010　　D．2011

2．真空加力器属于（　　）零部件。

A．传动系　　B．行驶系

C．转向系　　D．制动系

3．进入 2020 年全球汽车零部件企业百强榜前十名的我国企业是（　　）。

A．广西玉柴机器集团　　B．中策橡胶集团

C．潍柴集团　　D．宁德时代

4．《中国制造 2025》提出，到 2025 年我国乘用车平均燃料消耗量要求降至（　　）。

A．3.0 L/100 km　　B．3.5 L/100 km

C．4.0 L/100 km　　D．4.5 L/100 km

5．以（　　）为代表的社交叠加商业模式是比较典型的互联网商业模式之一。

A．阿里巴巴电子商务　　B．余额宝

C．微信　　D．360 安全卫士

三、判断题

1．截至 2019 年，我国汽车产销量已连续十年蝉联全球第一。　（　　）

2. 汽车零部件产业处于整个汽车产业链的下游。（ ）

3. 我国汽车配件的质量参差不齐，有些甚至在安装之前就已经出现了严重的质量问题。（ ）

四、简答题

1. 我国汽车零部件的六个成长方向是什么？

2. 简述“汽车零部件 + 互联网”的五种模式。

3. 当前，我国汽车配件市场存在哪些问题？

任务2　汽车零部件行业发展趋势分析

一、填空题

1. 与整车市场相比，汽车零部件市场更具有成长性，国内________需求、________需求以及________需求将成为推动零部件行业发展的三大市场驱动因素。

2. 已有百年历史的全球汽车产业，正处于各种________和________应用层出不穷的大变革时期，新能源、智能互联和自动驾驶已经成为汽车行业未来发展的主要趋势。

3. 系统配套催生了零部件企业的________供应。

4. 当前零部件生产企业的大型集团化，导致一级零部件供应商的数量不断________。

二、选择题

1.《汽车维修技术信息公开实施管理办法》是（　　）由交通运输部、环境保护部、商务部、国家工商行政管理总局等八部门联合发布的。

A. 2014年9月　　B. 2015年6月

C. 2015年9月　　D. 2015年12月

2. 2015年5月由（　　）出台《中国制造2025》战略文件。

A. 工业和信息化部　　B. 国务院

C. 国家工商行政管理总局　　D. 国家发展和改革委员会

3.《汽车零部件的统一编码与标识》（GB/T 32007—2015）于2015年9月由（　　）发布。

A. 国务院　　B. 工业和信息化部

C. 交通运输部　　D. 国家标准化管理委员会

三、判断题

1. 在全球一体化的背景下，面对日益激烈的竞争，世界各大汽车公司为了降低成本，在扩大生产规模的同时逐渐减少汽车零部件的自制率，采用零部件全球采购策略。（　　）

2. 由于系统供应商日益深入地参与整车厂商新产品的研发、设计和生产过程，其技术

和经济实力也逐步强大。（ ）

3．一般来说，层级越低，该层级的供应商数量越少。（ ）

4．2015 年 8 月，《再制造产品“以旧换再”试点实施方案》正式在全国启动。（ ）

5．2015 年 9 月，原国家质检总局出台了儿童安全座椅“3C”认证的相关政策。（ ）

四、简答题

简述汽车零部件行业的四大发展趋势。

任务 3 汽车配件的认知

一、填空题

1．广义的汽车配件不仅包括构成整车各单元的产品，还包括汽车__________材料，以及随着车主__________需求增多而产生的特殊附件。

2．汽车配件的种类较为复杂，其分类方法有很多，如按__________、__________、________和生产来源等分类。

3．根据我国汽车配件市场的实用性原则，汽车配件分为__________、__________、__________和保安件四类。

4．同质件即“质量相当配件”，指该配件必须在质量标准上与原厂件相匹配，必须在________、________、________与功能标准等方面与原厂件质量相当或比原厂件质量更高，同时应满足我国法律法规的相关要求。

5．汽车零部件统一编码应遵循唯一性、稳定性、__________、__________和__________的原则，适用于汽车生产、流通、维修、消费等环节。

二、选择题

1．汽车配件按（ ）分类，可分为必装件、选装件、装饰件和消耗件四类。

A．标准化　　B．实用性

C．用途　　D．生产来源

2.（　　）汽车公司将汽车配件分为维修零件、汽车精品、油类和化学品三种类型。

A．大众　　B．丰田

C．日产　　D．本田

3．传感器属于（　　）易损件。

A．发动机　　B．车身

C．底盘　　D．电器与电控设备

4．全球贸易项目代码 06929999900013 表示商品项目代码为（　　）。

A．69299999　　B．0001

C．0013　　D．3

5.（　　）所表示的编码信息仅作为基本数据的补充，不能脱离基本数据单独使用。

A．基本数据　　B．常用扩展数据

C．应用标识符　　D．序列号数据

三、判断题

1．汽车的运行材料指汽车在正常使用过程中消耗或耗损的燃料、润滑液、轮胎等非金属材料。（　　）

2．在对汽车进行二级维护、总成大修和整车大修时，易损坏且消耗量大的零部件称为易耗件。（　　）

3．汽车零部件中最容易受损更换的部件称为易损件。（　　）

4．根据新标准下国产汽车零部件编码规则，即使产品的基本特征没有发生变化，也要编制新的代码。（　　）

5．在工业发达国家，各汽车制造厂的零部件编码并无统一规定，由各厂自行编制，其零部件编码规则各不相同。（　　）

四、简答题

1．简述汽车配件按实用性分类的情况。

2. 简述新标准下国产汽车零部件编码规则的意义。

模块二　汽车配件市场销售业务

任务1　客户接待

一、填空题

1．客户对汽车配件门市销售的第一印象往往来源于汽车配件销售员的接待技巧，因此，________和________的接待能够帮助企业打造良好的口碑。

2．接打电话时，__________和__________而直接质问对方是失礼和缺乏教养的表现。

3．交易结束时，汽车配件销售员应用双手将产品递到客户手中，并且关照“__________”。

4．汽车配件的查询包括两方面的内容，一方面是查询并确认客户所需配件的__________、______、型号等信息；另一方面是查询该配件的__________、________、________等信息。

二、选择题

1．当销售员需要与客户握手时，应主动伸出右手，手的高度大致与对方腰部上方齐平，手指稍用力握对方的手掌，持续（　　）s。

A．1 ~ 3　　B．1 ~ 5

C．2 ~ 5　　D．3 ~ 5

2．销售员接电话的动作要迅速，尽可能在铃响第（　　）遍时就接听，并立即应答。

A．一　　B．二

C．三　　D．四

3．在进口汽车配件手册中均附有按（　　）编排的索引，如果知道所需配件的英文名称，即使是缺乏专业知识的人员，采用此法也能较快地查找到该配件的有关信息。

A．配件名称（字母顺序）　　B．总成分类

C．配件图形（图号）　　D．配件编码

三、判断题

1．销售员进行自我介绍时要注视着对方，姿态要自然、大方，态度要谦虚，语言要得体。（　　）

2．打电话的时间一般以 1 ~ 2 min 为宜，切忌过长。（　　）

3．销售员与客户初次会面时，一定要在见面的初始即递上名片。（　　）

4．按配件图形（图号）索引查询的特点是能直观、准确、方便、迅速地确定所需配件。（　　）

四、简答题

1．接待客户时，销售员在递接名片礼仪上应注意哪些问题？

2．简述汽车配件查询的方法。

任务2　汽车配件产品推介

一、填空题

1．汽车配件销售员在向客户介绍产品时，应从产品的＿＿＿＿＿＿、＿＿＿＿＿＿、＿＿＿＿＿、＿＿＿＿＿等几个方面进行介绍。

2．在轮胎上标有195/65R1591V，其中R表示＿＿＿＿＿＿＿。

3．汽车配件产品的推介方法就是根据汽配推介活动的特点以及对消费者购买行为各阶段的＿＿＿＿＿＿应采取的策略，总结出的一些＿＿＿＿＿＿的标准推介模式。

4．＿＿＿＿＿＿模式的第三阶段，需要把销售员示范较多的同种类的汽车配件中不适合的筛选掉。

5．汽车精品是指对汽车功能、＿＿＿＿＿、＿＿＿＿＿＿的有益补充，可以达到美化外观、增强功能和展现个性化特点的汽车配件、美容养护产品等的总称。

6．汽车精品的销售时机主要有新车下定金时、_______________时、___________时和协同作战时。

二、选择题

1．商品的（　　）是指为了满足不同社会消费需要，按某种形态特征划分或结合的商品群体。

A．品牌　　B．品种
C．规格　　D．性能

2．在轮胎上标有 195/65R 15 91V，其中 195 表示（　　）。

A．扁平比　　B．钢圈直径
C．胎面宽　　D．承重指数

3．在向客户推介汽车精品时，可采用（　　）模式。

A．迪伯达　　B．埃德伯
C．费比　　D．埃德

4．（　　）结合法是指销售员通过及时地传达运用的信息给客户，从而引发客户对汽车配件的大量需求的方法。

A．物的　　B．观念
C．信息　　D．关系

5．（　　）成交法是指利用处理完客户异议尤其是重要异议的机会成交。

A．直接　　B．优惠
C．异议　　D．最后机会

三、判断题

1．性能包括产品体积的大小、质量的大小、某种成分含量的多少、内外形状的尺寸等。（　　）

2．从轮胎使用上可将汽车轮胎划分为斜交轮胎和子午线轮胎。（　　）

3．示范法即通过示范检验客户对其推介汽车配件的认识程度，并消除客户情感上的消极心态和对立情绪，使客户完全接受推销的汽车配件。（　　）

4．同一系列车型的主要零部件，特别是易损件，经常具有互换性。（　　）

5．防爆太阳膜、防盗器和真皮座椅均属于汽车精品。（　　）

四、简答题

1．举例说明费比（FABE）模式的销售步骤。

2．简述汽车配件互换性和汽车配件代用的概念。

3．简述汽车精品的概念并列举五个常见的汽车精品。

4．汽车精品的销售时机有哪些？

任务3　汽车配件合同的签订

一、填空题

1. 合同是双方当事人之间为实现某个特定目的而确定、________、________双方债权关系的协议。

2. 合同的法律效力主要体现在两个方面：其一，合同一经成立，就受到____________的保护，当事人必须履行；其二，对于依法成立的合同，当事人任何一方不得擅自_________或_________，否则就要承担违约责任。

3. 一份完整的购销合同包含很多内容，从大的方面可以分为________、________、________三个部分。

4. 价格的确定要符合国家的_________政策和法规，如果有政府_____________和政府___________，要按照规定执行。

5. 质量是标的__________和___________优劣的标志，合同中应当对质量问题尽可能地做出细致、_____和_____的规定。若国家有___________标准，必须按照规定的标准执行。

6. _____合同指双方当事人之间通过对话约定双方权利义务关系而订立的合同。对话的形式有面对面的接触、________的沟通、________________的交流。

二、选择题

1.（　　）是合同的必备条款，没有该项，合同是不能成立的。

A．质量　　B．数量

C．价格　　D．运输方式

2.（　　）责任是指当事人一方或者双方不履行合同或者不适当履行合同，依照法律的规定或者按照当事人的约定应当承担的法律责任。

A．合约　　B．违规

C．违约　　D．爽约

3.（　　）是通过信件和数据电文的方式订立购销合同时，在承诺生效之前，当事人以书面形式对合同内容予以确认的文件。

A．合同书　　B．信件

C．数据电文　　D．确认书

4. 当事人协商一致的情况下，可以（　　）合同。当事人对合同变更内容约定不明确的，推定为未变更。

A．变更　　B．终止

C．解除　　D．实施

三、判断题

1. 订立合同的双方当事人法律地位平等。 ( )

2. 采购的对象是合同的标的。 ( )

3. 如在购销合同中，约定由买方提货的，则在提货地交货；约定由卖方送货的，则在卖方收货地履行。 ( )

4. 根据《中华人民共和国合同法》第三、四、五、六、七条的规定，采购合同的签订应当按照平等原则、自愿原则、公平原则、诚实信用原则、遵守法律及行政法规和尊重社会公德的原则进行。 ( )

5. 裁决的结果对双方都有约束力，双方必须依照执行。 ( )

四、简答题

1. 简述合同的特征。

2. 简述提出索赔和处理索赔时应注意的问题。

3. 简述仲裁的程序。

任务4　汽车配件交接

一、填空题

1．汽车配件的收银管理工作包括对顾客的__________和资讯的提供、______和电子支付作业管理、__________的推广、损耗的预防、__________的防范等内容。

2．签名盖章要签或盖在支票上___________的位置，否则就不产生签名盖章的效力，属于不合格支票。

3．发票是单位和个人在__________、提供或者接受______以及从事其他经营活动的过程中，开具和收取的_____凭证。

4．发票分为_____发票和_____发票两种类型。增值税发票又分为增值税_____发票和增值税_____发票。

5．“管____”与“管____”工作要加以区别。

6．电子支付的支付类型按电子支付指令的发起方式分为__________、电话支付、__________、销售点终端交易、自动柜员机交易和其他电子支付。

7．商品的交接方式是指购销双方根据协议或成交合同，对销售方交货______、______、运输和包装条件等做出的具体规定。

二、选择题

1．只有（　　）才有资格开具增值税专用发票。

A．小规模企业　　B．企业

C．一般纳税人　　D．个人

2．普通发票只开具交易数量、价格等内容，不开具税金。基本联次为（　　）联。

A．两　　B．三

C．四　　D．五

3．（　　）是使用移动设备，通过无线方式完成支付行为的一种新型支付方式。

A．自动柜员机交易　　B．网上支付

C．电话支付　　D．移动支付

三、判断题

1．图章颠倒的支票是有效的，可以收受。（　　）

2．涂改大写金额的支票是无效支票，绝对不能收受。（　　）

3．汽车配件的取货方式主要有提货、送货和发货三种。（　　）

4．目前，同一城市各企业之间大多采用公路运输的方式进行提货。（　　）

5．铁路收据是在铁路接收货物、称重、添加标志、装载货物后，交给发货人的凭证。（　　）

四、简答题

1．增值税专用发票与增值税普通发票有哪些区别？

2．与传统的支付方式相比，电子支付具有哪些特征？

3．电子支付的支付类型有哪几种？

任务5　汽车配件售后服务

一、填空题

1. 根据经销渠道的不同，提供汽车配件售后服务的有__________和____________。

2. 家用汽车产品包修期和“三包”有效期自销售者______________之日起计算。

3. 在家用汽车产品包修期内，家用汽车产品出现产品质量问题，消费者凭“三包”凭证由修理者免费修理（包括__________和__________）。

4. 汽车产品中需要根据_____________等定制的特殊零部件包括__________和全车主线束。

5. 用户质量信息反馈表意见包括某处使用不便、某处_____________不合理、某零件__________过短、可以添加某些配备、某处不够_______等。

二、选择题

1.《家用汽车产品修理、更换、退货责任规定》自（　　）起开始施行。

A. 2012年9月1日　　B. 2012年10月1日

C. 2013年9月1日　　D. 2013年10月1日

2. 家用汽车产品包修期限不低于3年或者行驶里程（　　）km，以先到者为准。

A. 30 000　　B. 40 000

C. 50 000　　D. 60 000

3. 若消费者遗失家用汽车产品“三包”凭证，销售者、生产者应当在接到消费者申请后（　　）个工作日内予以补办。

A. 3　　B. 5

C. 10　　D. 15

4. 各特约服务站在日常工作中如遇到重大的车辆故障，必须及时、准确、详尽地填写“重大故障报告单”，（　　）传真至汽车制造厂索赔管理部，以便汽车制造厂各部门能及时做出反应。

A. 每天　　B. 每月初

C. 每十天　　D. 立即

三、判断题

1. 原厂配件都有质量保证期，如果出现质量问题，一般执行商场“退、换、修”制度。（　　）

2. 在家用汽车产品“三包”有效期内，消费者书面要求更换、退货的，销售者应当自收到消费者书面要求之日起10个工作日内做出书面答复。（　　）

3. 车辆正常例行保养和车辆正常使用中的损耗件不属于保修索赔范围（或保修时间很

短），如各类滤清器、火花塞、制动片、离合器片、灯泡、轮胎等。 （ ）

四、简答题

1．简述售后服务常见的几种情况。

2．简述索赔旧件处理规定。

3．简述汽车特约服务站的保修索赔工作流程。

任务6　汽车配件产品促销

一、填空题

1. 促销是指企业营销部门通过一定的方式，将企业的__________及购买途径传递给__________，从而激发用户的购买兴趣，强化购买欲望，甚至________需求，从而促进企业产品销售的一系列活动。

2. 现代市场营销将促销方式归纳为四种类型：__________、广告、__________和公共关系，并将这四种方式的运用搭配称为__________。

3. 市场比较集中的汽车产品，__________产生的促销效果最好，营业推广和广告次之。

4. 广告作为一种__________的工具，可以产生唤醒____________、引起兴趣、启发________和导致________的作用。

5. 销售促进是指企业运用各种________诱因，鼓励________或________企业产品或服务的促销活动。

二、选择题

1.（　　）的实质是传播与沟通信息，目的是促进销售、提高企业的市场占有率及增加企业的收益。

A．营业推广　　B．人员推销
C．广告　　D．促销

2.（　　）陈列是指根据商品情况，调节陈列架的高低和范围来陈列商品，具有既陈列又销售、更换频繁的特点。

A．橱窗　　B．柜台、货架
C．架顶　　D．壁挂

3.（　　）是一种提供简短、及时、确切信息的招贴。

A．报刊　　B．招贴广告
C．邮寄广告　　D．声像广告

4.（　　）是向消费者提供低于正常价格的商品的销售方法，其做法是在商品包装或标签上加以附带标明。

A．折价券　　B．特价包
C．赠奖　　D．竞赛

三、判断题

1. 微型汽车因使用上相对集中，市场也比较集中，因此人员推销对促进微型汽车的销售效果较好。（　　）

2. 电视广告的优点是表达直观、传播迅速、适应面广、娱乐性强，它的缺点是成本较

高、受时间限制。（　　）

3．配件产品经销商经销配件时关心的是顾客的光顾和购买，销售促进工具的选择应以此目标为中心。（　　）

4．一般来说，诱因规模很大时，销售反应很小。（　　）

5．市场营销人员要决定促销的时机。如果促销时间太短，一些顾客可能无法重购，或由于太忙而无法及时参与。（　　）

四、简答题

1．简述网络广告的优势。

2．汽车用品有哪些新颖的投放形式？

3．对配件产品经销商而言，常用的销售促进工具有哪些？

4．企业在制定销售促进总预算时，要注意避免哪些失误？

模块三　汽车配件购进业务

任务 1　汽车配件市场调查

一、填空题

1．汽车配件市场调查的内容十分广泛，一般有汽车配件________调查、______________调查和____________分析等内容。

2．汽车配件需求调查的目的是了解配件的____________、__________和____________。

3．汽车配件市场的调查方法主要有___________和___________两种。

4．实地调查是一种_________________调查方法，是由调查人员直接同受访者接触以收集__________的来自调查对象的___________的调查方法。

5．市场调查报告一般由题目、________、概要、________、结论和建议、附件等几部分组成。

6．市场需求预测的方法分为两大类，一类是______________，另一类是______________。汽车配件生产经营过程中通常使用_______________对市场进行预测。

二、选择题

1．汽车配件（　　）调查的目的是了解购买力投向，不仅要调查汽车配件需求总量，还要调查分车型、分品种的结构。

A．需求　　　　B．需求时间

C．需求结构　　　　D．需求量

2．（　　）是一种双向调查法，主要包括面谈调查法、电话调查法和邮寄调查法三种。

A．观察法　　　　B．访问法

C．实地调查法　　　　D．实验法

3．（　　）式问题的做法是对调查表中所提出的问题都设计了各种可能的答案，被调查者只要从中选定一个或几个答案即可。

A．封闭　　　　B．开放

C．多项选择　　　　D．顺位

4．（　　）是对企业信息的准确性和可信度进行鉴别，剔除不可信、不真实的部分，同时也对信息含量、价值和时效进行判断，以供使用。

A．比较　　　　B．计算

C．研究　　　　D．判断

三、判断题

1. 人口总量及构成是决定商品需求总量及其构成的自然基础，从年龄结构上分析，老年人和青年人对汽车的需求差别很大。 (　　)

2. 一般来说，当其他因素不变时，汽车配件的需求量与配件的价格成正比。 (　　)

3. 汽车保有量的增长与汽车配件需求量的增长直接相关。 (　　)

4. 自由回答式问题的做法是调查表上没有拟定可选择的答案，所提出的问题由被调查者自由回答，不加任何限制。 (　　)

5. 评比量表指由被调查者在固定数值范围内，对所测问题依次分配一定数值以做出不同评价的一种态度测量表。 (　　)

四、简答题

1. 简述影响汽车配件需求量的基本因素。

2. 简述市场商品分析的内容。

3. 简述文案调查资料的来源。

4．简述汽车配件市场调查的程序。

5．简述在实际调查中，调查者要注意的问题。

任务 2　汽车配件供应商的选择

一、填空题

1．供应商是指为企业生产提供________、______、工具及其他资源的企业。供应商可以是生产企业，也可以是__________。

2．______原则就是在适当的时候以适当的______从适当的供应商处买回所需数量的商品。

3．采购工作必须要围绕____、____、量、____、价等基本要素来展开。

4．购进的汽车配件必须有____________和________。

5．不同的企业在选择各自的供应商时，要求其具备不同的条件。但需要供应商提供齐全的__________、合理的__________以及完善的_______等，是企业在采购方面的共同要求。

6．____________是指首先规定衡量供应商的各种重要指标（如质量、价格、合同完成率等）的加权分值，再根据__________资料分别计算出各个供应商的得分，然后选择其中得分_______者为最终供应商。

7．采购成本通常包括__________、__________和运输费用。

二、选择题

1．理想的供应商应能向企业提供（　　），为企业提供弹性的生产与经营空间。

A．准确的交货期　　B．合适的价格

C．强大的促销支持　　D．质量过硬的商品

2．（　　）是根据对供应商的调查和意见的征询，主要依靠采购人员的经验和主观判断选取供应商的方法。

A．主观经验法　　B．直观判断法

C．招标法　　D．协商选择法

3．（　　）的知名度高，产品质量优，大多是名牌产品。这类厂商应是进货的重点渠道。

A．A 类厂　　B．B 类厂

C．C 类厂　　D．非名牌厂

三、判断题

1．对企业而言，供应商质量参差不齐，要有效地完成采购工作，寻求合格的供应商是首要任务之一。（　　）

2．企业采购过程中要遵循 6R 原则，才能使采购效益最大化。（　　）

3．高价值配件和常用件必须落实好客户方可进货，如发动机、车架等。（　　）

4．当订购数量大、合作伙伴竞争激烈时，可采用招标法来选择合适的供应商。（　　）

5．绝对不能向没有进行工商注册，生产“三无”产品及假冒伪劣产品的厂家订货和采购。（　　）

四、简答题

1．简述采购物品的品质达不到使用要求的严重后果。

2．简述在汽车配件进货时应当注意遵循的原则。

3．简述供应商选择的途径。

4．选择供应商的方法有哪些？

任务3　汽车配件的订货

一、填空题

1．汽车配件的订货工作主要由______即订货员完成，订货员应具有高度的责任感及敬业精神，熟悉配件______，努力钻研订货业务知识，不断积累配件订货经验，千方百计保证配件供货充足。

2．订货过程实质上是在满足一定时间内用户______的同时，对配件库存不断进行调整，以求得______的结构。

3．库存成本包括______（采购费、验收入库费）和______（占用资金利息、仓库管理费、罚金）。

4．要实现良性库存，一是要提高配件______，二是要减少______、提高______，总结起来就是“______”。

5．每一个零件都有其特定的生命周期。该周期主要包括______、______和______三个阶段。

二、选择题

1．正常件是指已经有（　　）个月以上的销售历史，且已具有一定销售规律的配件。

A．3　　　　B．6

C．9　　　　D．10

2．对汽车制造商和汽车零部件经销商的统计结果表明，占零件总数仅 10% 的快流件（A 类件）的销售收入占销售总额的（　　）。

A．50%　　　　B．60%

C．70%　　　　D．80%

3．月订单按正常价格执行，紧急订单通常给予（　　）的加价处理。

A．3%　　　　B．5%

C．6%　　　　D．8%

4．（　　）是加速资金周转，避免商品积压，提高经济效益的重要方式。

A．勤进管理　　　　B．以销定进

C．以进促销　　　　D．保管保销

三、判断题

1．配件订货的目的就是追求良性库存。（　　）

2．订购要适时、适量，从而保证企业的生产、维修和销售顺利进行。（　　）

3．一般把易磨损和易失效的零件或材料作为快速流转配件。（　　）

4．零件的流通级别不是一成不变的，快流件可能会变成中流件，甚至变成慢流件，而中流件和慢流件在一定时期内也可能变成快流件。（　　）

5．配件订货周期是指在现有库存正常消耗的情况下所能维持的正常销售天数。（　　）

6．实际库存是指从满足用户需求的角度出发建立的，一种无论在任何时候、用户的任何需求都能满足的库存状态。（　　）

四、简答题

1．简述良性库存的含义及实现方法。

2．简述配件订货的原则。

3. 新零件的订货要注意哪些问题?

任务4　汽车配件的入库

一、填空题

1. 汽车配件的入库验收是按照一定的程序和手续对配件的________和________进行检查，以验证它们是否符合订货合同的一项工作，是配件进入仓库保管的________阶段。

2. 入库凭证上应有配件_______、型号、规格、___________、___________、单位、数量等足以反映______________准确信息的内容。

3. 不同汽车配件的产品________标准、________标准和________标准是入库验收的操作依据。

4. 如果发现有渗漏、变色、沾污和包装________、潮湿等异状的汽车配件，要查清原因，做出记录，及时处理，以免扩大损失。要严格执行___________，按单收货，单货同行，禁止_______进仓。

5. 一般的汽车配件销售企业没有完备的检测手段，但根据经验用__________的方法也能识别配件优劣。

6. 浸油锤击是一种探测零部件______________的最简便的方法。

7. 配件归堆时一般按“五五堆码”原则（即五五成行、五五________、五五成层、五五_________、五五成捆）的要求，排好________，并与前、后、左、右的垛堆保持适当的距离。

二、选择题

1. 要随时填写验收记录，不合格品由（　　）进行处理，并及时填写来货记录。

A. 配件计划员　　B. 配件库管员

C. 配件主管　　D. 配件采购员

2. 实物验收包括数量和（　　）两个方面。

A．实物　　B．型号

C．质量　　D．包装

3．凡是生产厂原包装的产品，开箱点验的数量一般为总数量的（　　）。

A．2% ~ 5%　　B．3% ~ 5%

C．5% ~ 8%　　D．5% ~ 10%

三、判断题

1．质量验收是整个入库验收工作中的重要组成部分，是做好保管工作的前提。（　　）

2．在点清大件的基础上，应将包装物上的商品标志和运输标志与入库单进行核对。（　　）

3．汽车配件产品经过精加工后才进行高频感应加热淬火处理，因此淬火后各种颜色都原封不动地留在产品上。（　　）

4．汽车配件的箱、盒大都采用防伪标记，常用的有激光、条码、暗印等。（　　）

5．比较法即将标准零部件与被检零部件做比较，从对比中鉴别被检零部件的技术状况。（　　）

6．产品档案可多物一档，统一编号，做到账、卡、物三者相符。（　　）

四、简答题

1．汽车配件入库验收的依据有哪些？

2．简述汽车配件入库验收要坚持的“五不入”原则的内容。

3．简述入库产品应具备的资料。

4．简述开箱点验的要求。

5．如何做好汽车配件的验收记录？

模块四　汽车配件仓储管理

任务 1　汽车配件仓储保管

一、填空题

1．汽车配件的仓库保管工作是仓储管理中最基本的作业，在具体工作中，要求做到__________、保量、__________、________、安全地完成仓库保管工作的各项任务，并节省保管________。

2．汽车配件的分区分类、__________、__________、盘点和__________是汽车配件仓储保管的常规性工作。

3．货场编号可以按照进入仓库正门方向自____至____的顺序编号，或按__________的顺序编号。

4．________是货物在仓库中存放的确切位置，便于工作人员迅速找到货料。

5．汽车配件入库时，保管员应根据汽车配件堆码的位置，把货位号注明在__________上，以便在记账时附注货位号；在汽车配件出库时，要把货位号注明在__________上，以便按号找货。

6．根据仓库储存规划确定货位后，应对汽车配件进行________和________。

7．常见的汽车配件堆码方法有重叠法、__________、牵制法、__________、行列法等。

二、选择题

1．（　　）既是一种科学的商品保管及保养方法，也是一种仓储管理制度。

A．分区分类　　　　B．货位编写

C．货物堆码　　　　D．盘点

2．8 号仓库第 9 排货架第 4 号格眼可写为“（　　）”，以示与货架编号的区别。

A．9–4/8　　　　B．9–8/4

C．8–4/9　　　　D．8–9/4

3．（　　）指对包装成长方形的汽车配件可采用的每层交错压缝堆码的方法。

A．重叠法　　　　B．压缝法

C．牵制法　　　　D．通风法

4．（　　）是库存盘点的主要方式。

A．动态盘点　　　　B．全面盘点

C．突击性盘点　　　　D．重点盘点

5．（　　）是指按照商品入库的先后顺序，不论是否发生过进出库业务，都要有计划地循环进行盘点的一种方法。

A．动态盘点　　B．循环盘点

C．突击性盘点　　D．重点盘点

三、判断题

1．对于汽车配件来说，不论按哪种分库方式储存，凡是大件重件（包含驾驶室、车身、发动机、前后桥、大梁等）都要统一集中储存。（　　）

2．库房（货棚）可按进入仓库正门方向自左向右的顺序编号。（　　）

3．同一个仓库内的货位编号的书写方法不必一致。（　　）

4．堆码货物的包装标识必须一致向外，不得倒置，若发现包装破损应及时调换。（　　）

5．为防止轮胎受压变形，需要用专用货架进行保管，这种货架有固定的，也有可以装拆的。（　　）

6．应根据盘点的汽车配件实数，逐笔核对汽车配件仓库保管账簿所列结存数，不能含糊。（　　）

四、简答题

1．简述汽车配件分区分类的注意事项。

2．简述常见的货架编号方法。

3．简述对堆码的技术要求。

4．常用的盘点方式有哪几种?

5．简述盘点后的处理工作。

任务 2　汽车配件安全管理

一、填空题

1. 当胎纹深度低于____mm 或者胎纹已经达到磨损指示标记时，必须更换轮胎。

2. 汽车配件的存储必须根据不同的________、结构形态和________以及技术性能等多方面的要求，提出不同的___________。

3. 做好保管工作，不仅要求保管过程中配件的品名、规格、数量_______相符，更应保证其_______不受损坏。

4. 密封存储的形式有___________、___________、货架 / 柜 / 橱密封、按件 / 箱密封四种，日常仓库中采用___________密封。

5. 对于金属制品等__________汽车配件，一般应加枕垫，以防锈蚀，枕垫的高度一般为________ ~ ________cm。

6. 为做好汽车配件的消防工作，一定要确定防火责任人和建立岗位防火责任制，把防火工作落实到人，并通过岗位责任制将防火工作___________、__________。

二、选择题

1. 在正常情况下，一个轮胎的更换周期是（　　）万公里。

A. 2 ~ 3　　B. 3 ~ 4

C. 3 ~ 5　　D. 3 ~ 6

2. 如果制动片厚度不到（　　）cm 就必须更换。正常行驶的情况下，应每（　　）万公里更换一次制动片。

A. 0.7　　3　　B. 0.6　　2

C. 0.6　　3　　D. 0.5　　3

3. 空气滤清器最好每（　　）km 清洁一次，用气泵吹干净即可，不要用液体清洗。

A. 3 000　　B. 5 000

C. 6 000　　D. 10 000

4.（　　）就是利用库内外空气温度不同而形成的气压差，使库内外空气形成对流，来达到调节库内温湿度的目的。

A. 密封　　B. 通风

C. 吸潮　　D. 存储

5. 一般来讲，配件适宜的存储温度为（　　）℃左右。

A. 16　　B. 18

C. 20　　D. 22

三、判断题

1．轮胎侧面若出现裂纹，即使没有达到行驶里程，为安全起见也要更换。（　　）

2．平时在车辆熄火时，要尽量少使用车辆的电气设备，以防止蓄电池亏电。（　　）

3．机油滤清器应在行驶 6 000 km 后与机油同时更换。（　　）

4．在梅雨季节或阴雨天，当库内湿度过大，又无适当通风时机时，可在密封库里采用吸潮的方式来降低库内的湿度，常采用吸潮剂或去湿机吸潮。（　　）

5．根据实践经验，若汽车配件上油（蜡）前清洗较好，油（蜡）配方合格，配件一般可储存 8 年以上不锈蚀。（　　）

6．橡胶制品、塑料制品、转向盘、分电器盖、蓄电池壳等配件，若长期处于光照下，会很快失去光泽，并老化、龟裂、发黏和失去弹性。（　　）

四、简答题

1．简述汽车配件仓库防火工作的注意事项。

2．举例说明特殊配件的存放方法。

3．简述汽车配件仓库安装视频监控设备的作用。

任务3　汽车配件的出库

一、填空题

1．汽车配件________标志着存储保管阶段的结束，把好“__________”是仓库管理工作的重要一环。

2．配件的出库一定要做到_________、_________，必须根据合法的____________。

3．汽车配件出库要求做到___________，准确及时，坚持“__________________”。

4．出库前的________一定要细致，需要___________的货物要仔细核对质量，以免因超重而发生事故。

5．业务部门开出的__________（包括供应发票、转仓单、商品更正通知单、补发单、调换单、退货通知单等）是仓库________、________的合法依据，仓库保管员一定要先核对和审查领料单据，根据领料单据发货。

6．配件从仓库到用户手中，中间需要经过数次_________和_________。因此，一定要保证其________完好，避免在运输途中造成损失。

二、选择题

1．各项出库均须有统一的领料单证，同时由（　　）亲笔签名方可领取。

A．配件主管　　B．配件计划员

C．库管员　　D．领取人

2.（　　）即未接单据不登账、未经审单不备货、未经复核不出库。

A．三不　　B．三核

C．三检查　　D．五检查

三、判断题

1．任何出货仓管人员均应于出货当日将有关资料入账，以便存货的控制。（　　）

2．无论采用哪一种备货形式，都应及时记卡、记账，核对结存实物，以保证账、卡、物三相符。（　　）

3．点交完毕后，应立即清理现场、整理货位，腾出空仓位，以备再用。（　　）

4．发货完毕后，应及时将提货单据（盖有提货印章的装箱单）归档，并按照时间顺序分季度装订，妥善保管，以备将来查考。（　　）

四、简答题

1．简述汽车配件出库的“三不三核五检查”的内容。

2．简述汽车配件的出库流程。

3．简述汽车配件出现质量问题的原因。

4．简述无质量问题汽车配件的退库原因及处理方法。

模块五　汽车配件物流管理与电子商务

任务 1　汽车配件物流管理

一、填空题

1. 物流具有七大功能：__________、储存功能、__________、装卸搬运功能、__________、流通加工功能和信息处理功能。

2. 我国现行的主体汽车物流模式是供产销一体化的____________，即汽车产品__________、零部件、辅助材料等的购进物流、汽车产品的__________与分销物流等物流活动全部由汽车__________完成。

3. 第三方物流是指由_____与_____以外的专业物流企业提供物流服务的业务模式。作为提供物流服务的第三方物流企业，它可以是资产型的，也可以是_______型的。

4. 第三方物流在为客户服务的过程中，应与客户结成长期稳定的__________关系，始终贯穿________的新理念。

5. 汽车配件物流具有_______批次、_______批量的特点，其运作要求与运作难度远远高于成品物流。

二、选择题

1.（　　）项目可以简单地分为按短期需求计划配送（履约配送）、按电子看板配送（JIT，即时配送）、退货、补货和盘点等。

A．“循环取货”作业　　B．企业自建配送系统运作

C．配送中心作业　　D．第三方物流

2. 有数据显示，欧美汽车制造企业的物流成本占销售额的比例约为 8%，日本汽车企业只有 5%，而我国汽车企业普遍在（　　）。

A．5% ~ 10%　　B．10% ~ 15%

C．10% ~ 25%　　D．15% ~ 25%

3. 尽管汽车配件企业发展（　　）具有重大的现实意义，是发展的必然趋势，但目前国内的汽车配件企业中，自营物流的比重仍然较高。

A．企业自建配送系统　　B．“循环取货”作业

C．配送中心作用　　D．第三方物流

三、判断题

1. 制造企业只是汽车生产活动的组织者与实施者，而非企业物流活动的组织者与实

施者。（ ）

2．配送中心模式的优点是显而易见的，不但使配件生产厂家省去了每天将配件直接送到生产线上的运输费用，同时因为原材料不进入原材料库，所以保持了很低或接近于“零”的库存，省去了大量的资金占用。（ ）

3．汽车配件需求具有明显的不稳定性和需求量小的特点，要求快速、小批量配送，而第三方物流企业正好能满足这一需求。（ ）

4．汽车配件第三方物流的应用难点之一是自营物流退出成本过高。（ ）

四、简答题

1．简述汽车配件物流管理的含义。

2．简述“循环取货”模式及其优点。

3．简述第三方物流企业整合模式的优点。

4．简述第三方物流对于汽车配件企业提升竞争力所具有的促进作用。

任务 2　汽车配件电子商务

一、填空题

1．在汽车配件销售这个传统的行业中，存在着大量配件、管理系统与人员之间需要______的内容，这就是汽车__________和__________。

2．汽车配件行业的电子商务，最关键的就是各种信息（供求、价格等）的________、实现在线采购和所谓的__________概念。

3．网上配件交易最重要的一点是买卖双方要有准确的__________和__________的说明，因为只有通过配件原厂编码，才能保证所订购配件的准确性。

4．物流配送是连接汽车配件______和______的关键环节，它使用可以产生时间和场所效益的有效管理办法、合理的资源配置、合适的经营方式和运作类型的选择等向客户提供所需要的产品。

5．目前，我国的物流企业在数量上供______求。

二、选择题

1. 在电子商务模式下，订货更为简单、及时，订货费用更低，订货周期缩短，配件区域配送中心在没有相应库存时可以向（　　）订购，满足客户的需求。

A. 4S店　　B. 其他区域配送中心

C. 中央仓库　　D. 特约维修站

2. 在中央仓库（CDC）和区域配送中心（RDC）之间通过远程的数据交换获得配件需求和供给信息，建立了一种类似（　　）的电子商务模式。

A. B2C　　B. B2G

C. B2B　　D. EDI

三、判断题

1. 实践证明，只要信息技术有新的发展变化，就会推动汽车配件行业的进步。（　　）

2. 物流服务水平与物流成本之间呈线性关系。（　　）

3. 即时供应的意义是无论在任何情况下都能满足所有客户的需求。（　　）

4. 单层次的电子商务运作模式可以以较小的成本大大提高即时供应率。（　　）

5. 电子商务完全可以采用委托代理的形式，将拥有成熟的物流管理经验和技术的第三方物流企业作为自己的配送中心。（　　）

四、简答题

1. 简述传统配件行业信息交换的局限性。

2. 简述电子商务模式下把物流业务运作外包给第三方物流的优势。

综合试卷（一）

一、填空题（每空 1 分，共 40 分）

1．一些国际知名的汽车零部件企业具备强大的_______能力和雄厚的_______实力，能够引导世界零部件行业甚至整车行业的发展方向。

2．政策引导着__________调整，改变__________格局，是包括零部件企业在内的所有企业的关注焦点。

3．广义的汽车配件不仅包括构成整车__________的产品，还包括汽车_________材料，以及随着车主__________需求增多而产生的特殊附件。

4．汽车配件的查询包括两方面的内容，一方面是查询并确认客户所需配件的________、_______、型号等信息；另一方面是查询该配件的库存数量、价格、仓位等信息。

5．汽车配件产品的推介方法就是根据汽车配件推介活动的特点以及对消费者购买行为各阶段的_____________应采取的策略，总结出的一些____________的标准推介模式。

6．合同的法律效力主要体现在两个方面：其一，合同一经成立，就受到____________的保护，当事人必须履行；其二，对于依法成立的合同，当事人任何一方不得擅自________或________，否则就要承担违约责任。

7．商品的交接方式是指购销双方根据协议或成交合同，对销售方交货________、________、运输和包装条件等做出的具体规定。

8．用户质量信息反馈表意见包括某处使用不便、某处_______________不合理、某零件___________过短、可以添加某些配备、某处___________等。

9．促销是指企业营销部门通过一定的方式，将企业的___________及____________传递给___________，从而激发用户的购买兴趣，强化购买________，甚至________需求，从而促进企业产品销售的一系列活动。

10．供应商是指为企业生产提供_________、________、工具及其他资源的企业。供应商可以是生产企业，也可以是___________。

11．汽车配件的入库验收是按照一定的________和手续对配件的________和__________进行检查，以________它们是否符合订货合同的一项工作，是配件进入仓库保管的________阶段。

12．汽车配件的分区分类、____________、____________、盘点和____________是汽车配件仓储保管的常规性工作。

13．做好保管工作，不仅要求保管过程中配件的品名、规格、数量_______相符，而且更应保证其_______不受损坏。

14．配件从仓库到________手中，中间需要经过数次装卸和________。因此，一定要保证其________完好，避免在运输途中造成损失。

二、选择题（每题 1 分，共 20 分）

1．真空加力器属于（　　）零部件。

A．传动系　　B．行驶系

C．转向系　　D．制动系

2．《汽车零部件的统一编码与标识》（GB/T 32007—2015）于 2015 年 9 月由（　　）发布。

A．国务院　　B．工业和信息化部

C．交通运输部　　D．国家标准化管理委员会

3．（　　）汽车公司将汽车配件分为维修零件、汽车精品、油类和化学品三种类型。

A．大众　　B．丰田

C．日产　　D．本田

4．在轮胎上标有 195/65R 15 91V，其中 195 表示（　　）。

A．扁平比　　B．钢圈直径

C．胎面宽　　D．承重指数

5．（　　）是对企业信息的准确性和可信度进行鉴别，剔除不可信、不真实的部分，同时也对信息含量、价值和时效进行判断，以供使用。

A．比较　　B．计算

C．研究　　D．判断

6．（　　）的知名度高、产品质量优，大多是名牌产品。

A．A 类厂　　B．B 类厂

C．C 类厂　　D．非名牌厂

7．根据汽车制造商和汽车零部件经销商的统计结果表明，占零件总数仅 10% 的快流件（A 类件）的销售收入占销售总额的（　　）。

A．50%　　B．60%

C．70%　　D．80%

8．实物验收包括数量和（　　）两个方面。

A．实物　　B．型号

C．质量　　D．包装

9．（　　）项目可以简单地分为按短期需求计划配送（履约配送）、按电子看板配送（JIT，即时配送）、退货、补货和盘点等。

A．“循环取货”作业　　B．企业自建配送系统运作

C．配送中心作业　　D．第三方物流

10．有数据显示，欧美汽车制造企业的物流成本占销售额的比例约为 8%，日本汽车企业只有 5%，而我国汽车企业普遍在（　　）。

A．5% ~ 10%　　B．10% ~ 15%

C．10% ~ 25%　　D．15% ~ 25%

11．在电子商务模式下，订货更为简单、及时，订货费用更低，订货周期缩短，配件区

域配送中心在没有相应库存时可以向（　　）订购，满足客户的需求。

A．4S 店　　B．其他区域配送中心

C．中央仓库　　D．特约维修站

12．（　　）责任是指当事人一方或者双方不履行合同或者不适当履行合同，依照法律的规定或者按照当事人的约定应当承担的法律责任。

A．合约　　B．违规

C．违约　　D．爽约

13．只有（　　）才有资格开具增值税专用发票。

A．小规模企业　　B．企业

C．一般纳税人　　D．个人

14．《家用汽车产品修理、更换、退货责任规定》自（　　）起开始施行。

A．2012 年 9 月 1 日　　B．2012 年 10 月 1 日

C．2013 年 9 月 1 日　　D．2013 年 10 月 1 日

15．各特约服务站在日常工作中如遇到重大的车辆故障，必须及时、准确、详尽地填写“重大故障报告单”，（　　）传真至汽车制造厂索赔管理部，以便汽车制造厂各部门能及时做出反应。

A．每天　　B．每月初

C．每十天　　D．立即

16．（　　）陈列是指根据商品情况，调节陈列架的高低和范围来陈列商品，具有既陈列又销售、更换频繁的特点。

A．橱窗　　B．柜台、货架

C．架顶　　D．壁挂

17．汽车配件（　　）调查的目的是了解购买力投向，不仅要调查汽车配件需求总量，还要调查分车型、分品种的结构。

A．需求　　B．需求时间

C．需求结构　　D．需求量

18．8 号仓库第 9 排货架第 4 号格眼可写为“（　　）”，以示与货架编号的区别。

A．9–4/8　　B．9–8/4

C．8–4/9　　D．8–9/4

19．（　　）是指按照商品入库的先后顺序，不论是否发生过进出库业务，都要有计划地循环进行盘点的一种方法。

A．动态盘点　　B．循环盘点

C．突击性盘点　　D．重点盘点

20．如果制动片厚度不到（　　）cm 就必须更换。正常行驶的情况下，应每（　　）万公里更换一次制动片。

A．0.7　　3　　B．0.6　　2

C．0.6　　3　　D．0.5　　3

三、判断题（每题 1 分，共 15 分）

1．一般来说，层级越低，该层级的供应商数量越少。（　　）

2．汽车零部件中最容易受损更换的部件称为易损件。（　　）

3．销售员进行自我介绍时要注视着对方，姿态要自然、大方，态度要谦虚，语言要得体。（　　）

4．在家用汽车产品“三包”有效期内，消费者书面要求更换、退货的，销售者应当自收到消费者书面要求之日起 10 个工作日内做出书面答复。（　　）

5．企业采购过程中要遵循 6R 原则，才能使采购效益最大化。（　　）

6．产品档案可多物一档，统一编号，做到账、卡、物三者相符。（　　）

7．配送中心模式的优点是显而易见的，不但使配件生产厂家省去了每天将配件直接送到生产线上的运输费用，同时因为原材料不进入原材料库，所以保持了很低或接近于“零”的库存，省去了大量的资金占用。（　　）

8．物流服务水平与物流成本之间呈线性关系。（　　）

9．根据《中华人民共和国合同法》第三、四、五、六、七条的规定，采购合同的签订应当按照平等原则、自愿原则、公平原则、诚实信用原则、遵守法律及行政法规和尊重社会公德的原则进行。（　　）

10．铁路收据是在铁路接收货物、称重、添加标志、装载货物后，交给发货人的凭证。（　　）

11．配件产品经销商经销配件时关心的是顾客的光顾和购买，销售促进工具的选择应以此目标为中心。（　　）

12．评比量表指由被调查者在固定数值范围内，对所测问题依次分配一定数值做出不同评价的一种态度测量表。（　　）

13．绝对不能向没有进行工商注册、生产“三无”产品及假冒伪劣产品的厂家订货和采购。（　　）

14．制造企业只是汽车生产活动的组织者与实施者，而非企业物流活动的组织者与实施者。（　　）

15．即时供应的意义是无论在任何情况下都能满足所有客户的需求。（　　）

四、简答题（每题 5 分，共 25 分）

1．简述我国汽车零部件的六个成长方向。

2．简述汽车配件按实用性分类的情况。

3．汽车精品的销售时机有哪些？

4．简述汽车特约服务站的保修索赔工作流程。

5．简述第三方物流对于汽车配件企业提升竞争力所具有的促进作用。

综合试卷（二）

一、填空题（每空 1 分，共 40 分）

1．ADAS 主要包括______________层面、识别及算法决策层面及操控系统执行层面等，涉及环境感知、图像识别、编程算法、____________、____________等领域。

2．与整车市场相比，汽车零部件市场更具有成长性，国内______________________需求、____________需求以及_______市场需求将成为推动零部件行业发展的三大市场驱动因素。

3．系统配套催生了零部件企业的________供应。

4．同质件即“质量相当配件”，指该配件必须在质量标准上与原厂件相匹配，必须在________、________、________与功能标准等方面与原厂件质量相当或比原厂件质量更高，同时应满足我国法律法规的相关要求。

5．客户对汽车配件门市销售的第一印象往往来源于汽车配件销售员的接待技巧，因此，________、________的接待能够帮助企业打造良好的口碑。

6．汽车精品是指对汽车________、________、___________的有益补充，可以达到美化外观、增强功能和展现个性化特点的汽车配件、美容养护产品等的总称。

7．质量是标的__________和__________优劣的标志，合同中应当对质量问题尽可能地做出细致、_______和_______的规定。若国家有_________标准，必须按照规定的标准执行。

8．发票是单位和个人在购销________、提供或者接受_______以及从事其他经营活动的过程中，开具和收取的_________凭证。

9．在家用汽车产品包修期内，家用汽车产品出现产品质量问题，消费者凭____________由修理者免费修理（包括_______费和_______费）。

10．_______作为一种传递信息的工具，可以产生唤起_______、引起兴趣、启发________和导致________的作用。

11．汽车配件需求调查的目的是了解配件的_______需求量、需求________和需求_______。

12．不同的企业在选择各自的供应商时，要求其具备不同的条件。但需要供应商提供齐全的__________、合理的__________以及完善的_______等，是企业在采购方面的共同要求。

13．不同汽车配件的产品_______标准、_______标准、_______标准是入库验收的操作依据。

14．_______是货物在仓库中存放的确切位置，便于工作人员迅速找到货料。

二、选择题（每题 1 分，共 20 分）

1．进入 2020 年全球汽车零部件企业百强榜前十名的我国企业是（　　）。

A．广西玉柴机器集团　　　　B．中策橡胶集团
C．潍柴集团　　　　D．宁德时代

2.《中国制造 2025》提出，到 2025 年我国乘用车平均燃料消耗量要求降至（　　）。

A．3.0 L/100 km　　　　B．3.5 L/100 km
C．4.0 L/100 km　　　　D．4.5 L/100 km

3.《汽车维修技术信息公开实施管理办法》是（　　）由交通运输部、环境保护部、商务部、国家工商行政管理总局等八部门联合发布的。

A．2014 年 9 月　　　　B．2015 年 6 月
C．2015 年 9 月　　　　D．2015 年 12 月

4．全球贸易项目代码 06929999900013 表示商品项目代码为（　　）。

A．69299999　　　　B．0001
C．0013　　　　D．3

5.（　　）所表示的编码信息仅作为基本数据的补充，不能脱离基本数据单独使用。

A．基本数据　　　　B．常用扩展数据
C．应用标识符　　　　D．序列号数据

6．在进口汽车配件手册中均附有按（　　）编排的索引，如果知道所需配件的英文名称，即使是缺乏专业知识的人员，采用此法也能较快地查找该配件的有关信息。

A．配件名称（字母顺序）　　　　B．总成分类
C．配件图形（图号）　　　　D．配件编码

7.（　　）结合法是指销售员通过及时地传达运用的信息给顾客，从而引发顾客对销售汽车配件的大量需求的方法。

A．物的　　　　B．观念
C．信息　　　　D．关系

8.（　　）是通过信件和数据电文的方式订立购销合同时，在承诺生效之前，当事人以书面形式对合同内容予以确认的文件。

A．合同书　　　　B．信件
C．数据电文　　　　D．确认书

9.（　　）是使用移动设备，通过无线方式完成支付行为的一种新型支付方式。

A．自动柜员机交易　　　　B．网上支付
C．电话支付　　　　D．移动支付

10．若消费者遗失家用汽车产品“三包”凭证，销售者、生产者应当在接到消费者申请后（　　）个工作日内予以补办。

A．3　　　　B．5
C．10　　　　D．15

11.（　　）是向消费者提供低于正常价格的商品的销售方法，其做法是在商品包装或标签上加以附带标明。

A．折价券　　　　B．特价包
C．赠奖　　　　D．竞赛

12.（　　）式问题的做法是对调查表中所提出的问题都设计了各种可能的答案，被调

查者只要从中选定一个或几个答案即可。

A．封闭　　B．开放

C．多项选择　　D．顺位

13．理想的供应商应能向企业提供（　　），为企业提供弹性的生产与经营空间。

A．准确的交货期　　B．合适的价格

C．强大的促销支持　　D．过硬的商品质量

14．正常件是指已经有（　　）个月以上的销售历史，且已具有一定销售规律的配件。

A．3　　B．6

C．9　　D．12

15．（　　）就是利用库内外空气温度不同而形成的气压差，使库内外空气形成对流，来达到调节库内温湿度的目的。

A．密封　　B．通风

C．吸潮　　D．存储

16．（　　）是指由供方与需方以外的专业物流企业提供物流服务的业务模式。

A．企业自建配送系统运作模式　　B．“循环取货”作业

C．配送中心作业　　D．第三方物流

17．在中央仓库（CDC）和区域配送中心（RDC）之间通过远程的数据交换获得配件需求和供给信息，建立了一种类似（　　）的电子商务模式。

A．B2C　　B．B2G

C．B2B　　D．EDI

18．各项出库均须有统一的领料单证，同时由（　　）亲笔签名方可领取。

A．配件主管　　B．配件计划员

C．库管员　　D．领取人

19．空气滤清器最好每（　　）km 清洁一次，用气泵吹干净即可，不要用液体清洗。

A．3 000　　B．5 000

C．6 000　　D．10 000

20．（　　）盘点是库存盘点的主要方式。

A．动态　　B．全面

C．突击性　　D．重点

三、判断题（每题 1 分，共 15 分）

1．汽车零部件产业处于整个汽车产业链的下游。（　　）

2．在全球一体化的背景下，面对日益激烈的竞争，世界各大汽车公司为了降低成本，在扩大生产规模的同时逐渐减少汽车零部件的自制率，采用零部件全球采购策略。（　　）

3．在工业发达国家，各汽车制造厂的零部件编码并无统一规定，由各厂自行编制，其零部件编码规则各不相同。（　　）

4．按图形（图号）索引查询的特点是能直观、准确、方便、迅速地确定所需配件。（　　）

5．性能包括产品体积的大小、质量的大小、某种成分含量的多少、内外形状的尺寸等。

（　　）

6. 裁决的结果对双方都具有约束力，双方必须依照执行。（　　）

7. 汽车配件的取货方式主要有提货、送货和发货三种。（　　）

8. 车辆正常例行保养和车辆正常使用中的损耗件不属于保修索赔范围（或保修时间很短），如各类滤清器、火花塞、制动片、离合器片、灯泡、轮胎等。（　　）

9. 市场营销人员要决定销售促进的时机。如果促销时间太短，一些顾客可能无法重购，或由于太忙而无法及时参与。（　　）

10. 一般来说，当其他因素不变时，汽车配件的需求量与配件的价格成正比。（　　）

11. 在点清大件的基础上，应将包装物上的商品标志和运输标志与入库单进行核对。（　　）

12. 堆码货物的包装标识必须一致向外，不得倒置，若发现包装破损应及时调换。（　　）

13. 在梅雨季节或阴雨天，当库内湿度过大，又无适当通风时机时，可在密封库里采用吸潮的方式来降低库内的湿度，常采用吸潮剂或去湿机吸潮。（　　）

14. 无论采用哪一种备货形式，都应及时记卡、记账，核对结存实物，以保证账、卡、物三相符。（　　）

15. 单层次的电子商务运作模式可以以较小的成本大大提高即时供应率。（　　）

四、简答题（每题 5 分，共 25 分）

1. 简述“汽车零部件 + 互联网”的五种模式。

2. 简述新标准下国产汽车零部件编码规则的意义。

3．简述在实际调查中，调查者要注意的问题。

4．汽车配件入库验收的依据有哪些？

5．简述电子商务模式下把物流业务运作外包给第三方物流的优势。

综合试卷（三）

一、填空题（每空 1 分，共 40 分）

1．目前，我国基本建立了较为完善的零部件__________体系和零部件____________体系，为汽车工业的发展提供了强大支持。

2．汽车配件的种类较为复杂，其分类方法也有很多，如按___________、___________、___________和生产来源等分类。

3．电子支付的支付类型按电子支付指令的发起方式不同，可将其分为__________、__________、__________、销售点终端交易、自动柜员机交易和其他电子支付。

4．根据经销渠道的不同，提供汽车配件售后服务的有_________和_________________。

5．广告作为一种_____________的工具，可以产生唤醒____________、引起兴趣、启发__________和导致__________的作用。

6．市场需求预测的方法分为两大类，一类是____________，另一类是____________。汽车配件生产经营过程中通常使用_____________对市场进行预测。

7．________________是指首先规定衡量供应商的各项重要指标（如质量、价格、合同完成率等）的加权分值，再根据__________资料分别计算出各个供应商的得分，然后选择其中得分________者为最终供应商。

8．每一个零件都有其特定的生命周期。该周期主要包括________________________、________________和________________三个阶段。

9．入库凭证上应有配件________、型号、规格、__________、__________、单位、数量等足以反映_________________准确信息的内容。

10．汽车配件的分区分类、__________、__________、盘点和__________是汽车配件仓储保管的常规性工作。

11．汽车配件入库时，保管员应根据汽车配件堆码的位置，把货位号注明在_____________上，以便在记账时附注货位号；在汽车配件出库时，要把货位号注明在__________上，以便按号找货。

12．为做好汽车配件的消防工作，一定要确定防火责任人和建立岗位防火责任制，把防火工作落实到人，并通过岗位责任制将防火工作__________、________。

13．业务部门开出的_________（包括供应发票、转仓单、商品更正通知单、补发单、调换单、退货通知单等）是仓库__________、__________的合法依据，仓库保管员一定要先核对和审查领料单据，根据领料单据发货。

14．在汽车配件销售这个传统的行业中，存在着大量配件、管理系统与人员之间需要__________的内容，这就是汽车______________和______________。

二、选择题（每题 1 分，共 20 分）

1. 以（　　）为代表的社交叠加商业模式是比较典型的互联网商业模式之一。

A. 阿里巴巴电子商务　　B. 余额宝
C. 微信　　D. 360 安全卫士

2. 传感器属于（　　）易损件。

A. 发动机　　B. 车身
C. 底盘　　D. 电器与电控设备

3. 当销售员需要与顾客握手时，应主动伸出右手，手的高度大致与对方腰部上方齐平，手指稍用力握对方的手掌，持续（　　）s。

A. 1 ~ 3　　B. 1 ~ 5
C. 2 ~ 5　　D. 3 ~ 5

4. 商品的（　　）是指为了满足不同社会消费需要，按某种形态特征划分或结合的商品群体。

A. 品牌　　B. 品种
C. 规格　　D. 性能

5.（　　）责任是指当事人一方或者双方不履行合同或者不适当履行合同，依照法律的规定或者按照当事人的约定应当承担的法律责任。

A. 合约　　B. 违规
C. 违约　　D. 爽约

6.（　　）是使用移动设备，通过无线方式完成支付行为的一种新型支付方式。

A. 自动柜员机交易　　B. 网上支付
C. 电话支付　　D. 移动支付

7.（　　）是向消费者提供低于正常价格的商品的销售方法，其做法是在商品包装或标签上加以附带标明。

A. 折价券　　B. 特价包
C. 赠奖　　D. 竞赛

8.（　　）是一种双向调查法，主要包括面谈调查法、电话调查法和邮寄调查法三种。

A. 观察法　　B. 访问法
C. 实地调查法　　D. 试验法

9.（　　）是根据对供应商的调查和意见的征询，主要依靠采购人员的经验和主观判断选取供应商的方法。

A. 主观经验法　　B. 直观判断法
C. 招标法　　D. 协商选择法

10. 正常件是指已经有（　　）个月以上的销售历史，且已具有一定销售规律的配件。

A. 3　　B. 6
C. 9　　D. 12

11. 月订单按正常价格执行，紧急订单通常给予（　　）的加价处理。

A. 3%　　B. 5%

C．6%　　　　D．8%

12．凡是生产厂原包装的产品，开箱点验的数量一般为总数量的（　　）。

A．2% ~ 5%　　　　B．3% ~ 5%

C．5% ~ 8%　　　　D．5% ~ 10%

13．零星小件的数量误差在 2%以内、易损件的损耗在（　　）以内的，可以按规定自行处理，若超过上述比例，应报请有关部门处理。

A．2%　　　　B．3%

C．4%　　　　D．5%

14．8 号仓库第 9 排货架第 4 号格眼可写为“(　　)”，以示与货架编号的区别。

A．9–4/8　　　　B．9–8/4

C．8–4/9　　　　D．8–9/4

15．（　　）是指按照商品入库的先后顺序，不论是否发生过进出库业务，都要有计划地循环进行盘点的一种方法。

A．动态盘点　　　　B．循环盘点

C．突击性盘点　　　　D．重点盘点

16．如果制动片厚度不到（　　）cm 就必须更换。正常行驶的情况下，应每（　　）万公里更换一次制动片。

A．0.7　3　　　　B．0.6　2

C．0.6　3　　　　D．0.5　3

17．一般来讲，配件适宜的存储温度为（　　）℃左右。

A．16　　　　B．18

C．20　　　　D．22

18．各项出库均须有统一的领料单证，同时由（　　）亲笔签名方可领取。

A．配件主管　　　　B．配件计划员

C．库管员　　　　D．领取人

19．有数据显示，欧美汽车制造企业的物流成本占销售额的比例约为 8%，日本汽车企业只有 5%，而我国汽车企业普遍在（　　）。

A．5% ~10%　　　　B．10% ~15%

C．10% ~25%　　　　D．15% ~25%

20．尽管汽车配件企业发展（　　）具有重大的现实意义，是发展的必然趋势，但目前国内的汽车配件企业中自营物流的比重仍然较高。

A．企业自建配送系统　　　　B．“循环取货”作业

C．配送中心作业　　　　D．第三方物流

三、判断题（每题 1 分，共 15 分）

1．隔音材料属于汽车改装零部件。（　　）

2．主机厂力图通过产品差异化为用户带来更佳的体验，是汽车零部件产品升级的三个驱动因素之一。（　　）

3．交易结束时，汽车配件销售员应用双手将产品递到顾客手中，并且关照“请您

拿好”。（　　）

4. 进行汽车精品销售时，可以运用迪伯达模式进行推介，也可以利用 FAB 法则详述利益特点。（　　）

5. 采购的对象是合同的标的。（　　）

6. 根据《中华人民共和国合同法》第三、四、五、六、七条的规定，采购合同的签订应当按照平等原则、自愿原则、公平原则、诚实信用原则、遵守法律及行政法规和尊重社会公德的原则进行。（　　）

7. 家用汽车产品的易损耗零部件在其质量保证期内出现产品质量问题的，消费者可以选择免费更换易损耗零部件。（　　）

8. 微型汽车因使用上相对集中，市场也比较集中，因而人员推销对促进微型汽车的销售效果较好。（　　）

9. 一般来说，诱因规模很大时，销售反应很小。（　　）

10. 人口总量及构成是决定商品需求总量及其构成的自然基础，从年龄结构上分析，老年人和青年人对汽车的需求差别很大。（　　）

11. 评比量表指由被调查者在固定数值范围内，对所测问题依次分配一定数值以做出不同评价的一种态度测量表。（　　）

12. 对企业而言，供应商质量参差不齐，要有效地完成采购工作，寻求合格的供应商是首要任务之一。（　　）

13. 汽车配件产品经过精加工后才进行高频感应加热淬火，因此淬火后各种颜色都原封不动地留在产品上。（　　）

14. 根据实践经验，如汽车配件上油（蜡）前清洗较彻底，油（蜡）配方合格，配件一般可储存 8 年以上不锈蚀。（　　）

15. 汽车配件物流具有少批次、多批量的特点，其运作要求与运作难度远远高于成品物流。（　　）

四、简答题（每题 5 分，共 25 分）

1. 当前我国汽车配件市场存在哪些问题？

2．为什么说车主提车时是汽车精品销售的最后补充时机？

3．增值税专用发票与增值税普通发票有哪些区别？

4．简述良性库存的含义及实现方法。

5. 简述无质量问题汽车配件的退库原因及处理方法。